SATHI
The Street Dog from Kathmandu, Nepal

साथी
काठमाडौँ सडकको एक कुकुर

Written by **Julu**

Illustrations by **Jenny Campbell**

Translated by **Angeela Shrestha** and **Suraj Shrestha**

मुख्य लेखक : **जुलु**

चित्रण : **जेनी क्याम्बेल**

अनुवादक : **एन्जिला श्रेष्ठ र सुरज श्रेष्ठ**

VAJRA
Publications Inc.Pvt.Ltd.

For information contact: SathiStreetDog@gmail.com

Published and Distributed 2021 by
Vajra Publications Inc.Pvt.Ltd.
Jyatha, Thamel, P.O. Box 21779, Kathmandu, Nepal
Tel.: 977-1-5320562, 4246536; e-mail: vajrabooksktm@gmail.com
www.vajrabookshop.com

©2021 Julie Palais

All rights reserved. No part of this book may be reproduced or used in any manner without written permission of the copyright owner except for the use of quotations in a book review.
First edition August 2021.

सर्वाधिकार © जुली पालेए, २०२१

पुस्तकको सर्वाधिकार लेखकमा आरक्षित भएकोले पुस्तकको कुनै पनि अंश पुस्तक समीक्षा गर्दा उद्धरणको लागि प्रयोग बाहेक पुनरुत्पादन तथा प्रयोग गर्न लेखकको प्रतिलिपि अधिकार भएको लिखित अनुमति बिना गर्न पाइने छैन ।
प्रथम संस्करण : अगस्ट २०२१

ISBN: 978-9937-624-10-7

Printed in Nepal

Acknowledgements

It is not possible here, with such limited space, to do justice to these acknowledgments and to thank the many people who were involved in the rescue of the dog on which Sathi's story is based. We will simply name the people and organizations who, in one way or another, participated in helping to save the dog from continued abuse on the streets of Kathmandu, Nepal. These heroes include Sonam Yangzom, Lesley Mapstone (Temple Dog Rescue) and all of the people who donated to the GoFundMe that paid for the dog's travel to Canada, Ben Charman and staff (Kathmandu Animal Treatment Centre - UK), Janek Kaphle (Rambo Abbie Dog Training), and Stirling Wineck who adopted the dog, now named Max.

Others who helped at various stages in the research for and production of this book include Jorg Huckabee-Mayfield, Former U.S. Ambassador to Nepal, Scott DeLisi, Angeela Shrestha and Suraj Shrestha (Project Humane Nepal), Bidur and Lokesh Dangol (Vajra Books), and Heidi Wormser. Thank you all for your contributions. We could never have done this without your help.

कृतज्ञताज्ञापन

साथीको कथा सत्य घटनामा आधारित कथा हो। यस घटनामा म्याक्स (आश्रित कुकुरको नाम) को उद्धारमा खटिनु भएका सम्पूर्ण महानुभावहरुप्रति हामी आभारी छौँ। साथै वँहाहरुलाई हृदयदेखि नै धन्यबाद दिन चाहन्छौँ। हामीले घटनासँग सम्बन्धित सम्पूर्ण व्यक्तिहरुको नाम पुस्तकमा उल्लेख गर्न सम्भव नभएकाले यस घटना र पुस्तक लेख्न सहयोग गर्नु हुने मुख्य पात्रहरुको नाम समावेश गरेका छौँ। म्याक्सलाई सडकबाट केन्द्रमा ल्याई क्यानडासम्म पठाउन गोफन्डमी द्वारा आर्थिक सहयोग गर्नुभएका टेम्पल डग रेस्किउका लेस्ले म्यापस्टोन साथै सोनाम याङ्गजोम सबैलाई धन्यबाद ! बेन चारम्यान र काठमाडौँ पशु केन्द्र (KAT Centre) का सम्पूर्ण कर्मचारीहरु, जानेक काफ्ले (र्‍याम्बो एब्बी डग ट्रेनिंग), डा. एस.के. पौडेल (एनिमल मेडिकल सेन्टर) र स्टर्लिङ विनेक, जसले आश्रित कुकुरको नाम 'म्याक्स' भनी नाम दिएर घर र मनमा बास दिनुभएकोमा सबैलाई हार्दिक धन्यबाद ! पुस्तक सम्बन्धि अवधारणाको अनुसन्धान र विकासका क्रममा हामीलाई सहयोग गर्नुहुने जोर्क हकबी मेफील्ड, पूर्व अमेरिकी राजदूत स्कट डेलेसी, प्रोजेक्ट ह्युमेन नेपालबाट एन्जिला श्रेष्ठ र सुरज श्रेष्ठ, सन्तोषी थोकर (सरस्वती निकेतन मा.वि.), बज्र बुक्सबाट बिदुर डंगोल र लोकेस डंगोल अनि हाइडी वर्म्सरलाई धन्यबाद ! यहाँहरुको अतुलनीय सहयोग बिना यो कार्य सम्भव थिएन।

Dedication

This book is dedicated to all of the homeless dogs on the streets of Kathmandu, Nepal and other communities throughout Nepal and around the world who, through no fault of their own, were either abandoned by former owners or who were born on the streets under extremely difficult circumstances. The life of a street dog is very difficult, and when they are able to survive, they are often the target of abuse and cruelty. Next time you encounter a street dog please remember Sathi's story, and if you can, please stop and help the dog by finding someone to take care of it if it is injured, or feed it if it is hungry. And if you and your family decide to get a dog as a family pet, please consider adopting a street dog instead of buying an expensive puppy. There are many wonderful dogs just like Sathi on the streets of Kathmandu who are waiting for you to give them a home.

समर्पण

यो पुस्तक काठमाडौँ लगायत नेपाल अधिराज्यभर र संसारका सबै सडकका कुकुरहरु जसलाई आफ्ना मालिकहरुले लावारिसे तरिकाले बाटामा छाडेका अथवा सडकमा जन्मिएर आफ्नो गल्ती नभए पनि नारकीय जीवन बिताउन बाध्य भएका ती कुकुरहरुप्रति समर्पित छ। सडकका कुकुरहरुको अवस्था अत्यन्त दयनीय छ। कुकुरहरु सडकमा जन्मेपछि बाँच्न गाह्रो छ र बाँचिहाले भने पनि हिंसा र अमानवीय व्यवहारका सिकार भएका छन्। हामी सबैलाई मनैदेखि आग्रह गर्न चाहन्छौँ कि यदि तपाईंले सडकमा कुकुर देख्नुभएको खण्डमा साथीको कथा सम्झेर दया गरी घाइते छ भने उपचार गरिदिनु होला, भोकाएको छ भने खाना दिनुहोला, तपाईंले आफूले सकेको सहयोग गरिदिनु होला। यदि तपाईंले कुकुर पाल्ने सोच राख्नुभएको छ भने कृपया पसलबाट महङ्गो कुकुर किन्नुको सट्टा सडकको कुकुर पालिदिनुहोला। सडकमा साथीजस्ता हजारौँ कुकुरहरु लावारीस छन्, जसलाई तपाईंको घरपरिवार र न्यानो मायाको खाँचो छ। काठमाडौँका सडकहरुमा साथीजस्तै थुप्रै राम्रा कुकुरहरु तपाईंको घरको सदस्य बन्ने सपनामा तपाईंको प्रतिक्षा गरिरहेका छन्।

It was a crisp, cool, morning in Kathmandu, Nepal. Sathi was excited about what lay ahead.

It was Kukur Tihar, the "Day of the Dog," a day on which Nepalese people worshipped all dogs, both owned and those who are homeless. It commemorates the loyal and compassionate relationship between humans and dogs.

Sathi knew that later in the day a garland, made of marigolds would be placed around her neck. Then she would be showered with flower petals, fed a delicious meal of meat, milk, eggs, sweets/mithai and special biscuits, and loved by the people she met.

काठमाडौँको बिहानी मौसम चिसो भए पनि तिहारको रमझमले सहर रमणीय थियो। बिहानैदेखि कुकुरहरुको 'हाउँ-हाउँ' र 'भौँ-भौँ' को आवाजले सहर नै गुञ्जयामान भएको थियो। के सफा के फोहोरी, सबै कुकुरहरु माला अनि टीकामा सजिएर खुसी थिए।

साथी आजको दिनलाई लिएर अत्यन्तै उत्साहित थिई, किनकी यो कुकुरहरुको विशेष दिन "कुकुर तिहार" थियो। यमपञ्चकको यो दोस्रो दिनमा हरेक नेपालीहरुले घरपालुवा वा सडकका भुस्याहा कुकुरहरु सबैलाई यमराजको दूत मानेर मिठो खानेकुरा खुवाएर पूजाआजा गर्ने चलन रहिआएको छ। यो पर्व मानिस र कुकुर बिचको सद्भाव, मैत्रीभाव र श्रद्धा स्वरुप मनाइँदै आएको पर्व हो।

मानिसहरुले कुकुरको घाँटीमा सयपत्री फूलको माला, निधारमा रातो टीका लगाएर सेलरोटी, दुध, अण्डा, मासु आदि मिठा पक्वानहरु खुवाई माया गरिरहँदा साथी पनि आफूलाई यसरी नै माला अनि टीकामा सजिएर मिठा खान पाइने कुराले मनमनै रमाइरहेकी थिई।

A tika made from vermilion powder would be placed on her forehead, too!

This would be Sathi's very first Kukur Tihar, since the village where she grew up did not celebrate the holiday. Sathi stood up from where she had been sleeping along the roadside, and stretched.

She then decided to look for some of her dog friends near the Shree Kumari Mandir. She didn't want to go to the Kukur Tihar celebrations alone, and hoped she would find one of her other friends to go with her.

काठमाडौँमा साथीको यो पहिलो कुकुर तिहार थियो। आफू हुर्केको गाउँमा यस्ता परम्पराहरु नरहेकोले साथी बजारको चहलपहलले मख्ख थिई।

कुकुर पूजा एक्लै मनाउन मन नलागेपछि साथी आफू सुतेको पेटी छोडेर नजिकै रहेको श्री कुमारी मन्दिरतिर अरु साथी खोज्न गई।

When she got to the temple she looked around and was reminded of the lady who originally brought her to Kathmandu about six months earlier.

Once Sathi was no longer a cute puppy, the lady had abandoned her at the temple, hoping that someone would feed her and take care of her.

She tried not to think about having been abandoned because it made her feel very sad.

साथी जब मन्दिरमा आइपुग्छे, त्यहाँ वरपर नयाँ कुकुरहरु देख्छे । ती नयाँ कुकुरहरुमा कोही रोगी, कोही बुढा, कोही भुस्याहा आदि विविध प्रकारका थिए, जो आफ्ना घरपरिवारबाट लत्याइएका थिए । यो सबै देखेर साथी छ महिना पहिले आफूलाई गाउँबाट काठमाडौँ ल्याउने ती महिलालाई सम्झिन्छे ।

ती महिलाले केही महिना आफूसँगै राखे पनि साथी ठुली हुँदै जाँदा नराम्री हुँदै गएकीले भगवानको भरोसामा साथीलाई मन्दिरमा छोडेर गएकी हुन्छे ।

यी सब कुराहरुले साथीलाई नरमाइलो अनुभव गराउने हुनाले साथी त्यस घटनालाई फेरी दोहोऱ्याएर सम्झिन चाहिन ।

Sathi saw her friend Kamala and went over to say hello. Kamala had on a garland of beautiful orange marigolds and was eating what looked like delicious meal. Sathi thought the garland was nice, but couldn't wait to get some of the food!

Later, after Sathi had eaten her fill, she noticed that many of the dogs were lying around, eyes closed, the way you do after a good meal. That made Sathi realize how tired she was, so she headed off to find a quiet place to take a nap.

साथी मन्दिरमा आफ्नो साथी कमलालाई बोलाउन जान्छे । घाँटीमा सुन्तला रङ्गको सयपत्री फूलको माला लगाएकी कमला मिठा मिठा खानेकुराहरु खाइरहेकी थिई । खानेकुरा देखेपछि कमलाको घाँटीको मालाको वास्ता नै नगरी साथी पनि कमलासँगै खानतिर लागी ।

खानेकुरा खाइसकेपछि साथीले मन्दिरका सबै कुकुरहरु चौरमा आनन्दले सुतिरहेका देख्छे । साथी पनि दिउँसोको घाम अनि तातो खानाले निन्द्रा लागेको अनुभव गरेपछि सुत्नका लागि शितल ठाउँ खोज्नतिर लाग्छे ।

Sathi said goodbye to Kamala and all her other friends and crossed the road near the butcher's shop, just in case there were any tidbits on the ground for her to eat.

Even though she was full, Sathi had learned never to pass up a bite to eat, since she never knew where she might find her next meal!

Suddenly, out of the corner of her eye, she saw an old lady flying toward her with something in her hands.

साथीले आफूसँगै तिहार मनाएका कमला र अरु साथीहरुसँग बिदा मागेर त्यहाँबाट आफ्नो बाटो लागी। उसले सडकमा सजिलै खाना नपाउने, कहिले काहीँ त एक छाक खान र पिउन पनि हप्तौँ दिन लागेको पीडालाई भोगेकी थिई। साथीले पेट भर्नका लागि जहाँ जे भेट्यो त्यही खाने गर्थी।

मानिसहरुले अरु दिनहरुमा सडक तथा भुस्याहा कुकुरहरुलाई वास्ता नगरे पनि कुकुर तिहारको दिन भने टन्न खान दिन्थे। आज कुकुर तिहारको दिन पेटभरि खान पाए पनि भोलिको लागि जोहो गर्न साथी सडकपारि मासु पसलतिर लाग्छे। त्यहाँ केही मासुका टुक्राहरु खान पाइहालिन्छ कि भन्ने आसमा साथी पसल नजिक पुग्छे, किनकि त्यहाँ खान नपाएमा उसलाई अर्को चोटि खाने खानाको टुङ्गो नै हुँदैनथ्यो।

त्यति नै बेला साथीले अर्को कुनाबाट एक वृद्ध महिला आफूतिर हातमा केही सामान लिएर आइरहेको देख्छे।

Before Sathi could get out of the way, she realized the lady was carrying a pot of boiling water. Then, she felt the hot water hit her on her back.

She yelled out in pain and took off running down the street. She couldn't imagine what she had done to make the old lady so angry! It was Kukur Tihar! The day had begun with so much promise, it seemed impossible that on a day when dogs were supposed to be honored someone could do such a cruel thing to her.

साथीले ती महिलाको हातमा बाफ आइरहेको तातो पानीको भाँडा देख्छे र उनी आइरहेको गल्ली छलेर भाग्न खोज्छे । बाटो छल्नै लाग्दा एक्कासी साथीको ढाडमा उम्लिरहेको पानी परे जस्तो लाग्छ ।

ऊ "क्वाँई...क्वाँई...." गरेर कराउँदै अर्को गल्लीतिर भाग्छे । साथीले ठम्याउनै सकिन कि उसले कहिल्यै नदेखेकी ती महिलाको उसले के बिगारीदिएकी थिई र ? यस्तो सजाय दिनलाई ! आपसी सद्भाव र स्नेहले सुरु भएको कुकुर तिहारकै दिन अनेकौँ सपना बोकेकी साथीमाथि सोच्नै नसकिने आपत्तिजनक घटना घट्यो । कुकुरलाई मान सम्मान गर्नुपर्ने दिनमा साथी अमानवीय व्यवहारको सिकार हुन पुगी ।

Sathi was hurt and confused, and she began to feel like she might need to see a doctor. But she didn't even know if there were such things as doctors for dogs.

She was in so much pain and was moving very slowly, so she crawled behind some smelly boxes in an alley off the main road and curled into a ball. Her back felt like it was on fire, and she couldn't seem to stay awake.

As she drifted off into a restless sleep, she felt it begin to rain.

साथीलाई सारै पीडा भइरहेकोले कसलाई भन्नु, कसलाई गुहार माग्नु भइरहेको थियो। उसलाई आफ्नो घाउको उपचार कसले गर्छ र कहाँ हुन्छ भन्ने कुराको अत्तोपत्तो थिएन।

आफ्नो ढाड आगो झैँ भतभत पोलिरहेको हुनाले साथीलाई उठ्न पनि गाह्रो भइरहेको थियो। ऊ उठ्न नसकेर घिस्रिँदै घिस्रिँदै सडकबाट अलि टाढा एउटा गल्लीको थोत्रो ठसठस गनाउने बाकसमा लुटुपुटु गरेर बस्छे। साथीलाई घाउको दुखाइले सुत्नै अप्ठ्यारो हुन्छ।

ऊ जसोतसो आफ्नो घाउको दुःखाइ बिर्सेर आनन्दले गहिरो निन्द्रा निदाउन खोज्छे, त्यति नै बेला उसले पानी पर्न थालेको महसुस गर्छे।

Sathi awoke very early the next morning and lifted her head to see if it was still raining. The roof of the building protected her from getting wet.

Her back still burned from where the old lady had scalded her to chase her away.

The sun was just starting to rise over the hills surrounding the Kathmandu Valley in Nepal. She wanted to get up, but her back hurt too much to move. So she curled up and went back to sleep.

भोलिपल्ट बिहानको झिसमिसेमै साथीको निन्द्रा खुल्छ । अगिल्लो रात कसैको घरमुनि सुतेको हुनाले भिज्नबाट जोगिएकी हुन्छे । पानी अझै परिरहेको छ कि छैन भनेर ऊ आकाशतिर हेर्छे । आकाश सफा हुन्छ र घाम पनि डाँडामाथि नै आइसकेको हुन्छ ।

साथी बिस्तारै उठ्न खोज्छे तर ती महिलाले उसलाई धपाउन छ्यापेको तातो पानीले बनाएको घाउले उसको ढाड अझै पोलिरहेको थियो ।

साथीलाई उठेर खानेकुरा खोज्न जान मन त थियो तर उसको ढाडको घाउ आलो नै भएकोले एकदम दुखिरहेको हुँदा ऊ फेरि फर्केर सुत्न जान्छे ।

The next time she woke up, it was nighttime, and it was raining again. She tried in vain to twist around to lick the wounds on her back, but she couldn't reach them.

So she got up from where she had been lying all night and stiffly went in search of food. She hadn't eaten since yesterday morning at the Kukur Tihar celebration.

If she couldn't find any food in a garbage pile, along the road or at a butcher's shop, she would have to wait for the kind Tibetan lady who brought rice and meat to her most nights and sometimes during the day.

साथी एकैचोटि रातमा ब्युँझन्छे । पानी अझै परिरहेको नै हुन्छ । साथी उठ्ने बित्तिकै आफ्नो ढाडको घाउ चाट्न सक्दो प्रयास गर्छे तर सक्दिन ।

कुकुर तिहारको दिनको बिहानपख कमलासँगै खानेकुरा खाएदेखि नै भोलिपल्टको रातसम्म केही नखाएकोले साथीको पेट भोकले बटारिरहेको थियो ।

आफू रातभरि बसेको ठाउँबाट दु:खाइ सहँदै अप्ठ्यारोसँग उठेर ऊ खाना खोज्न जान्छे । उसलाई थाहा थियो कि यदि उसले फोहोरको डङ्गुर, सडक र मासु पसलमा खानेकुरा भेटिन भने उसले एक तिब्बती महिलामा भर पर्नुपर्ने हुन्छ । ती तिब्बती महिला अत्यन्त दयावान हुन्छिन् । उनले साथीलाई सँधै जसो राति र कहिलेकाँही दिनमा पनि मासु भात दिने गर्थिन् ।

She started down the street but avoided the corner where the old lady lived. She didn't want to take any chances that the woman might try to burn her again.

She wandered around all night in search of food. The next morning, it was no longer raining, and she still had not found much to eat. Suddenly, she saw the kind Tibetan Aama who often fed her.

Sathi ran to her in relief and jumped into her arms. The woman cried with delight, "Sathi! Namaste! I have been looking all over for you! Where have you been?"

साथी पानीमा रुझ्दै खाना खोज्नका लागि बाटैबाटो फोहोरहरु सुँघ्दै, हेर्दै अनि केलाउँदै जान्छे । बाटोमा हिँड्दै गर्दा आफूलाई तातो पानी छ्याप्ने ती महिला आएको गल्लीबाट फेरि पनि आक्रमण हुन सक्ने हुनाले त्यतातिर हेर्दै नहेरी अर्कै गल्लीतिर खाना खोज्न थाल्छे ।

रातिदेखि पानीमा रुझेर खाना खोजे पनि खाना नभेटाएर भोलिपल्ट बिहान पानी रोकिँदासम्म साथी भोकै हुन्छे । अचानक उसले आफूलाई माया गर्ने तिब्बती आमालाई त्यहाँ देख्छे ।

साथी दौडिँदै, उफ्रिँदै ती महिलाको काखमा हाम फाल्छे । साथीलाई देखेपछि तिब्बती आमाको गह भरिएर आउँछ अनि साथीलाई सुमसुम्याउदै, “तिमी कहाँ हराएकी थियौ, साथी ? तिमीलाई मैले कहाँ कहाँ मात्र खोजिन ।” भन्दै उनी रुन थाल्छिन् ।

The woman called her "Sathi", because Sathi means "friend" in Nepali and dogs are known, the world over, as man's (and woman's) best friend!

She had only been there for a few months, after being brought there from her village in the mountains. Sathi missed her village and didn't like the scary and unfamiliar streets of the city.

But this was her home now, and she knew she must do what she could to survive. Especially now with her ravaged back.

तिब्बती आमाले उसलाई “साथी” भनेर बोलाईन्, किनकी साथीको अर्थ नेपालीमा “मित्र” हो र कुकुरहरुलाई संसारभरि मानिसहरुको सबैभन्दा राम्रो मित्रको रुपमा चिनिन्छ।

साथीलाई केही महिना अघि मात्रै काठमाडौँ ल्याइएको थियो। गाउँघर, पाखापखेरोमा हुर्केकी साथीलाई आफ्नै गाउँघर नै मनपर्थ्यो, सहरको कोलाहल र नौला गल्लीहरु उसलाई खासै मन परेको थिएन।

साथीलाई काठमाडौँ मन नपरे पनि काठमाडौँलाई नै आफ्नो नयाँ घर मानेर बाँच्नका लागि यहीँ बस्नु बाहेक ऊसँग अरु विकल्प पनि त थिएन।

When the Aama touched her back, Sathi let out a loud yelp and jumped to the ground. The woman then saw how red and raw her wounds were.

"Oh my dear!" she said, "we need to take you right away to the KAT Centre so they can treat your burns. I will call the animal rescue ambulance and hopefully they will be able to come pick you up!" She looked lovingly at Sathi and held her face.

"I would love to take you home with me, but I already have five dogs and there isn't space for another one. Besides, my dogs are not very friendly and might not welcome someone new."

आमाले साथीलाई धेरै पछि भेटेको हुनाले आमा उसलाई मायाले सुमसुम्याउदै हुनुहुन्थ्यो । आमाले साथीलाई मायाले मुसारी रहँदा आमाको हातले साथीको ढाडमा छुन्छ र साथी एक्कासी चिच्याउँदै आमाको काखबाट भुइँमा उफ्रिन पुग्छे । आमा आत्तिएर साथीको ढाडमा हेर्दा रातो पाकेको घाउ देख्नुहुन्छ ।

आमाले भन्नुभयो, "हे भगवान् ! तिमीलाई त तुरुन्तै उपचारको आवश्यकता रहेछ । म अहिले नै काठमाडौँ पशु केन्द्र (KAT Centre) मा फोन गरेर उनीहरुलाई एम्बुलेन्स पठाइदिनुस् भन्छु ।"

आमाले साथीको अनुहार मुसार्दै फेरि भन्नुभयो, "म तिमीलाई मेरो घर लैजान्थेँ तर मैले पहिले नै पाँच वटा कुकुरहरुलाई पालिरहेको छु । घरमा ठाउँ पनि छैन, त्यसमा पनि मेरा कुकुरहरु नयाँ कोही सदस्य आएको खासै मन पराउँदैनन् ।"

When the ambulance arrived, the Aama picked Sathi up and put her inside for the short ride to the dog rescue Centre.

As she watched the van drive away, the woman knew that Sathi would get the care she needed. Then she turned and headed home to start preparing meals for the street dogs that she fed every day – a hearty mixture of rice, lentils and some meat.

Back in the ambulance, Sathi realized that she still hadn't eaten anything and hoped that wherever they were taking her, they would have something there for her to eat.

केही समयमै एम्बुलेन्स आइपुग्छ र आमाले साथीलाई डोऱ्याउँदै एम्बुलेन्समा राखिदिएर सडक पशु उद्धार केन्द्र पठाइदिन्छिन् ।

सडक पशु उद्धार केन्द्रका मानिसहरुले साथीलाई एम्बुलेन्समा लिएर जाँदै गर्दा आमा एम्बुलेन्सतिर हेर्दै मनमनै साथीले राम्रो उपचार पाउने कुरामा ढुक्क हुन्छिन् । त्यसपछि आमा पनि सधैँ झैँ सडकका अन्य कुकुरहरुलाई खुवाउनको लागि भात, दाल र मासु बनाउन घरतिर लाग्छिन् ।

उता भने एम्बुलेन्समा जाँदै गरेकी साथीले आफूले अझै पनि केही नखाएको र भोकाएको महसुस गर्छे र जहाँ आफूलाई लगिरहेका छन्, त्यहाँ केही खान देलान् भन्ने आस गर्छे ।

When the ambulance arrived at the Centre, a girl in a purple t-shirt came out and opened the door of the ambulance. She gently picked Sathi up and took her into the clinic and put her on a table.

The girl, a veterinary nurse, started cleaning Sathi's burns with something, that was very cold, but which felt good to the injured dog. After cleaning and drying her back, the girl put some medicine on Sathi's back. She told Sathi that it would help to heal her burns.

When the nurse had finished her work, she called someone to come get Sathi.

सडक पशु उद्धार केन्द्र अगाडि एम्बुलेन्स आइपुग्छ । प्याजी रङ्गको टि-सर्ट लगाएकी एक महिलाले गाडीको ढोका खोलेर साथीलाई बिस्तारै बोकेर उपचार गर्ने कोठातिर लैजान्छिन् । ती महिला त्यस केन्द्रमा कार्यरत पशुचिकित्सक हुन्छिन् र उनले साथीलाई कोठामा लगेर एउटा टेबलमाथि राखेर उसको घाउ सफा गर्न थाल्छिन् ।

पशुचिकित्सकले साथीको ढाडको घाउ सफा गर्दै गर्दा साथीलाई पोलेको ठाउँमा पहिले त अलि बढि चिसो भएको अनुभव हुन्छ तर एकछिनपछि भने शितल भएको अनुभव गर्छे । पशुचिकित्सकले साथीको ढाडको घाउ सफा र सुख्खा गरेर घाउमा औषधि राखेपछि साथीलाई भन्छिन्, "यो औषधिले पोलेको निको हुन्छ ।"

साथीको उपचार सकेपछि उसलाई बाहिर लैजान भनेर पशुचिकित्सकले कसैलाई बोलाउँछिन् ।

A young boy with shaggy black hair and kind eyes came into the clinic and carefully lifted Sathi into his arms. He carried her outside to a courtyard with lots of cages, filled with a lot of barking dogs.

She was put into a cage with a sweet, blonde dog named Karma. They sniffed each other and then Sathi went to lie down and rest. She was very tired, and she hadn't slept in hours.

Karma looked over at Sathi curiously and asked her, "Why are you here?"

"I was burned on my back with hot water," Sathi said softly. Then she noticed that her new friend only had one eye. "What happened to your eye?"

एकजना लामो र कालो कपाल भएको भर्खरको केटा साथीलाई लिन आउँछ। केटा हेर्दा भलाद्मी र दयालु देखिन्थ्यो। उसले साथीलाई बिस्तारै बोकेर बाहिर खोरहरु भएको ठाउँमा लैजान्छ। खोरभित्र सडकबाट ल्याएका अरु कुकुरहरु पनि थिए र त्यहाँ धेरै जसो कुकुरहरु ठूलो आवाजले भुकिरहेका थिए।

त्यो केटाले साथीलाई एक शान्त र सुशील स्वभावको खैरो रङ्गको कुकुरसँग राखिदिन्छ, जसको नाम कर्म हुन्छ। साथी र कर्म पहिलो पटक भेटेकाले एकअर्कालाई सुँघ्न थाल्छन्। साथी रातभर नसुतेको अनि केही दिनदेखि भोकै भएकोले एकदम थकित हुन्छे। त्यसैले ऊ कर्मसँग कुरै नगरी भुँईमा ढल्केर आराम गर्न थाल्छे।

कर्मले थकित साथीलाई हेर्दै सोध्छे, "तिमी यहाँ कसरी आइपुगेको ?"

साथीले मधुरो आवाजमा भन्छे, "कसैले उम्लिरहेको तातो पानीले मेरो ढाड पोलिदियो।" साथी कर्मतिर हेर्छे र कर्मको एउटा मात्र आँखा देख्दछे अनि कर्मलाई सोध्छे, "तिम्रो आँखालाई चाहिं के भएको नि ?"

Karma looked at Sathi with her one good eye and told her that a few weeks earlier, while she and some dog friends were in front of a butcher shop hoping for a piece of tossed meat, one of the shop keepers tried to scare away the dogs with a sharp knife.

Karma shrugged at Sathi. "I was in the wrong place at the wrong time," she said. "And the knife slashed into my forehead close to my eye."

कर्मले आफ्नो एउटा आँखाले साथीलाई हेर्दै भन्न थाल्छे, "केही हप्ता अघि म र मेरा साथीहरु सहरको एउटा मासु पसल बाहिर मासुपसलेहरुले फ्याँकेका मासुका टुक्राहरु पाइन्छ कि भन्ने आसले बसिरहँदा मासु पसले दाईले हामीलाई खुकुरी देखाएर धपाउन खोजे अनि यस्तो घटना भएको हो।"

कर्म निराश हुँदै साथीतर्फ हेर्दै फेरि भन्न थाल्छे, "हामीजस्ता अभागीको कर्मै यस्तो। मासु पसले दाईले मेरो टाउकामा खुकुरीले नराम्रोसँग हान्दियो र खुकुरीको प्रहारले मेरो टाउकोदेखि आँखासम्म गहिरो घाउ लाग्यो।"

When Karma woke up at the rescue centre she could only see out of one eye. “Don’t feel sorry for me,” Karma said to Sathi, “I am not the only one. There are lots of other one-eyed dogs around here. Many of the dogs here have been abused. There are even others like you with scars on their backs.”

“You know, dogs are often not treated very well here in Kathmandu. Not all people like dogs and they only honor us one day a year, on Kukur Tihar. The rest of the time, they don’t really care about us.”

“Really?” said Sathi, “That makes me sad.”

“It is sad,” said Karma. “But we’d be a lot worse off without the KAT Centre.”

पशु उद्धार केन्द्रसम्म आइपुग्दा कर्मले एउटा आँखा गुमाइसकेकी हुन्छे । कर्मको कुरा सुनेर साथीको अनुहार अध्याँरो हुन्छ अनि कर्मले गहिरो सास लिँदै साथीलाई भन्छे, “मेरो लागि दु:ख नमान साथी । म मात्र होइन, म जस्ता यहाँ आफ्नो आँखा गुमाउनेहरु धैरे छन् । यस केन्द्रमा ल्याइएका धैरे कुकुरहरु मानिसहरुका दुर्व्यवहारका सिकार भएका हुन् । तिम्रो जस्तै ढाडमा घाउ भएका पनि यहाँ थुप्रै छन् ।”

“तिमीलाई थाहा छैन र ! काठमाडौँका सडकका कुकुरहरुप्रति राम्रो व्यवहार गरिँदैन भनेर ! सबैलाई सडकका कुकुरहरु कहाँ मन पर्छ र साथी ? यहाँ त वर्षमा एकचोटि कुकुर तिहारको दिन मात्र हाम्रो पूजा गरिन्छ भने अरु दिनहरुमा हामीलाई कसैले मतलब समेत गर्दैनन् ।”

कर्मको कुरा सुनेर साथीलाई अचम्म लाग्छ र भन्न थाल्छे, “साँच्चै हो र ! यो त धैरे दु:खको कुरो हो ।”

कर्म भन्छे, “अँ ! दु:खको कुरा नै हो । काठमाडौँ पशु केन्द्र (KAT Centre) जस्ता पशु उद्धार केन्द्र नभएको भए हामीजस्ता सडकीय जीवन बिताउने कुकुरहरुको स्थिति अझै दर्दनाक हुन्थ्यो ।”

Sathi looked around at the other dogs. “What IS this place?” she asked. “They call it the KAT Centre, but we’re dogs!”

“No, silly, not CAT! KAT stands for Kathmandu Animal Treatment (KAT) Centre! A British woman used her life’s savings to start it and build the clinic. Now people from all over the world come here to volunteer, and many donate money to support the work they do here.

They vaccinate us and do surgeries so we won’t have more puppies, which really improves the lives of dogs like us here in Kathmandu!”

साथी अरु वरपरका कुकुरहरुलाई हेर्दै भन्छे, “यो ठाउँलाई के भनिन्छ ? उनीहरु त CAT (बिरालो) सेन्टर भन्दा रहेछन् तर हामी त कुकुर पो हो फेरि !”

कर्म खितित्त हाँस्छे र भन्न थाल्छे, “CAT (बिरालो) होइन के मूर्ख ! KAT हो नि ! KAT को पूरा अर्थ Kathmandu Animal Treatment (KAT) Centre (काठमाडौँ पशु उद्धार केन्द्र) हो । यो एउटा सडक पशु उद्धार संस्था हो । यो संस्थाले हामीजस्ता सडकका घाइते र लावारीस कुकुरहरुलाई सहयोग गर्छ । मैले सुने अनुसार यो एक बेलायती महिलाले आफ्नो जिन्दगीभरको कमाइको बचतले स्थापना गरेको संस्था हो रे ! यस संस्थामा सेवा गर्न संसारभरबाट स्वयंसेवक / सेविकाहरु आउँछन् । संस्थामा हामीजस्ता कुकुरहरुको उपचार होस् भनेर सेवकहरु तन, मन र धनले सक्दो सेवा गर्छन् । हामीलाई रोग नलागोस् भनेर खोपहरु पनि लगाइदिन्छन् ।”

“हाम्रा छाउराहरु हामीहरु जस्तै बेवारीसे र लाचार नहोस्, हामीले झैँ दुःख नपाओस् भनेर यहाँ हाम्रो बन्ध्याकरण पनि गरिदिन्छन् ।”

Karma got up from her bed. “It’s almost time for our morning play time,” she said. “They let us out of the cage so we can play with the other dogs! I’ll introduce you to my friends Tashi and Momo!”

When they got to the garden Karma introduced Sathi to both her friends. Tashi was a little white dog, and Momo was bigger with white and tan spots.

Both dogs told their stories to Sathi, about the injuries they’d suffered on the streets that had changed their lives forever.

कर्म आफ्नो खाटबाट उठेर आउँछे र साथीलाई भन्छे, “अब हाम्रो बिहानको खेल्ने समय भयो। उनीहरुले हामीलाई छिट्टै बाहिर बगैँचामा खेल्न जान दिन्छन्। हिंड्, साथी बाहिर जाऔँ। तिमीलाई म मेरा मिल्ने साथीहरु तासी र मोमो चिनाइदिन्छु।”

कर्मले साथीलाई बगैँचामा लगेर आफ्ना मिल्ने साथीहरु तासी र मोमोसँग परिचय गराउँछे। तासी मोमोभन्दा सानो हुन्छ। तासीको रौँ सेतो रङ्गको हुन्छ भने मोमो चाहिँ सेतो र हल्का टाटेपाटे खालको हुन्छ।

दुबैजनाले साथीलाई सडकमा हुँदा उनीहरुसँग घटेको दुर्घटनाले कसरी उनीहरुको जिन्दगी सदाका लागि परिवर्तन भयो भन्ने कुराहरु सुनाउँछन्।

Tashi started by telling Sathi about the day a man attacked him with a big stick. He was looking for food on the street, when a man suddenly came up to him and began beating him on the head. He was badly injured and bloody.

Tashi said he ran away to another street where he hid inside the gates of a temple. He stayed there all that day and through the night. In the morning, some monks found him and brought him to the Centre for treatment.

The people in the clinic washed him and took care of his injuries, he said. "That was a few months ago, and I have been here ever since."

तासीले साथीलाई आफूमाथि लौरोले हमला गरेको दिनको घटना सुनाउँछ । तासी भन्छ, "सधैँ झैँ म सहरका गल्लीहरुमा खाना खोज्न हिँडिरहेको बेला अचानक एकजना मान्छेले मेरो टाउकामा लौरोले नराम्रोसँग हिर्काउन थाल्यो ।

एकैछिनमा म रगताम्मे भएँ अनि आफ्नो ज्यान जोगाउन अर्को गल्लीको मन्दिरको ढोकाभित्र लुक्न गएँ । म रातभर त्यँही मन्दिरभित्र नै लुकेर बसेँ । बिहानीपख केही भिक्षुहरुले मलाई फेला पारे र उपचारका लागि काठमाडौँ पशु उद्धार केन्द्र ल्याए । काठमाडौँ पशु उद्धार केन्द्रका कर्मचारीहरुले मेरो राम्रोसँग उपचार गरे ।"

तासी फेरि भन्छ, "यो केही महिना अघिको कुरा हो, त्यस दिनदेखि नै म यहीँ छु ।"

Momo, the big white dog with tan spots, then told his story.

"I, too, was just minding my own business, running down the side of the road, when suddenly, out of nowhere, a vehicle ran into me from behind, and I was thrown to the side of the road. Someone gave me first aid on the roadside, then, an ambulance came and brought me here, where they operated on my broken leg.

"It is almost better," Momo added, stretching one of his back legs for his audience. "But I am still limping a bit."

मोमोले पनि साथीलाई आफ्नो पीडा सुनाउँदै भन्छ, "म आफ्नै सुरमा आफू हिंड्ने गरेको गल्लीमा डुलिरहेको थिएँ। अचानक कहाँबाट हो कहाँबाट एउटा गाडीले पछाडीबाट ठक्कर दियो र म उछिट्टिएर सडकको किनारामा पुगेँ। त्यहीँ बाटो भएर हिड्ने एकजना भलाद्मी बटुवाले मेरो सामान्य उपचार गरिदिनुभयो र मेरा लागि काठमाडौँ पशु उद्धार केन्द्रको एम्बुलेन्स बोलाइ दिनुभयो। यहाँ आएपछि मेरो भाँचिएको खुट्टाको शल्यक्रिया भयो।"

आफ्नो खुट्टा तन्काउँदै मोमोले फेरि कुरा थप्यो, "पहिलाभन्दा त धेरै ठिक भइसक्यो तर पछाडिको यो खुट्टा भने अझै हिंड्ने बेलामा अलिअलि खुम्चिन्छ।"

The four new friends were still visiting when a big brown dog approached the group and introduced himself. He smiled at Sathi, and in a deep, gentle voice, he said, "I'm Moti. It's nice to meet you."

Sathi introduced herself to Moti and said, "What happened to you? What brought you here?"

Karma spoke up, even before Moti could open his mouth. "Oh, it was awful! Moti, tell Sathi what happened to you!"

"Well," said Moti, "I was lying by the side of the road when a man came up to me with a knife and kicked me! Then he slashed my leg with his big khukuri knife. It was bad, and I lost a lot of blood! But the people here at the clinic took good care of me."

Moti continued his story for the spellbound group. "When I woke up from surgery I had a big white thing around my head. It was so strange, and it made it hard to lick my leg. I've been recovering here for a few weeks now!"

काठमाडौँ पशु उद्धार केन्द्रमा साथीसँगै त्यहाँ भएका नयाँ नयाँ साथीहरु एकअर्कासँग परिचय गरिरहेका हुन्छन् । त्यही बिचमा एउटा ठुलो खैरो रङ्गको कुकुर आएर आफ्नो परिचय दिन थाल्छ । ऊ साथीतिर हल्का मुस्कुराउँदै हेर्छ र भारी आवाजमा भन्न थाल्छ, "म मोती । तिमीलाई भेटेर खुसी लाग्यो ।"

साथीले पनि आफ्नो परिचय दिई, "मेरो नाम साथी । तिमीसँग के भएको थियो ? अनि कसले तिमीलाई ल्यायो यहाँ ?"

मोतीले साथीको उत्तर दिनु भन्दा अघि नै कर्म भने बिचमा प्वाक्क बोल्छे, "मोती ! भन्देऊ त साथीलाई, तिमीसँग त झन् के के घटना घट्यो ?"

लामो सास फेर्दै मोतीले भन्यो, "म सडकको पेटीमा सुतिरहेको बेला एकजना खुकुरी बोकेको मान्छेले के को झोकमा होला खै, सुरुमै मलाई लात्तै लात्ताले हान्यो, अनि खुकुरीले झ्यामका झ्याम खुट्टामा हान्न थाल्यो । रगतको त खोलै बग्यो नि । धन्न ! केन्द्रका मानिसहरुले मेरो हेरविचार राम्रोसँग गरे र मेरो उपचार पनि राम्रो भयो ।"

दर्शक बनेर ध्यानपूर्वक आफ्नो कुरा सुनिरहेका साथीहरुलाई मोतीले आफ्नो वृतान्त सुनाउँदै गयो, "जब शल्यक्रियापछि मेरो होस आयो, तब मेरो टाउकाको वरपर सेतो पट्टी बाधिँदिएर अनौठो बनाइदिएका थिए । घाउले गर्दा आफ्नो खुट्टा आफैले चाट्न नसकिरहँदा मलाई अचम्म लागिरहेको थियो । केही हप्तादेखि यहाँ मेरो स्वास्थ्यमा सुधार भैइरहेको छ ।"

Moti quickly added, "I hope the fur will grow back to hide the big scar that I have now! I am praying that it won't stop someone from taking me home to live with them. I want to be adopted by a loving family!"

Sathi cocked her head "Moti, what do you mean?"

"Yeah, Moti," said the others, "what does it mean to be 'adopted'?"

मोतीले फेरि कुरा थप्दै भन्यो, "मलाई आशा छ, मेरो घाउ भएको ठाउँमा रौंहरु चाँडै पलाउँछ र यो घाउ छोपिन्छ। म त भगवानसँग पनि यही प्रार्थना गर्छु कि मेरो घाउकै कारण मलाई कसैले आफ्नो घरमा आश्रय दिन नहिच्किचाइदियोस्।"

साथीलाई मोतीको कुरा एकदमै अनौठो लाग्यो र मोतीको बोली भुँइमा खस्न नपाउँदै साथीले सोधी हाली, "घरमा आश्रय दिने भन्नाले..?"

अरु सबैले पनि एकै स्वरमा सोधे, "त्यो भनेको के हो?"

Moti looked at his friends. "Adopting is what happens when a family comes here to look for a dog that they want to take home to live with them," he said.

"Last week, my friends Loki, a black and brown dog from Mustang, was adopted by a Tibetan family in Boudha. Loki had come here after someone threw stones at him and tried to poison him! But he survived, and now he lives inside a home with two children who play with him every day.

They also feed him twice a day and give him plenty of water. He never goes hungry anymore and he has a safe and dry bed to sleep on at night. He has a good life now."

मोतीले आफ्ना साथीहरुलाई हेर्दै भन्छ, "आश्रय भनेको कुनै परिवार यहाँ आएर हेरेर हामी मध्ये कुनैलाई मन पराएर आफूसँगै बस्न घर लैजानु हो।"

पछिल्लो हप्ता मात्र मुस्ताङको कालो र खैरो रङ्गको मेरो साथी लोकीलाई एक तिब्बती परिवारले पाल्न लगेको थियो। लोकीलाई कसैले ढुङ्गा हानेर, विष खुवाएर मार्न खोजेकाले उसलाई यस केन्द्रमा ल्याइएको थियो। धन्न! लोकीलाई केही भएन, ऊ बाँच्यो। अहिले ऊ दुईजना बच्चाहरु भएको परिवारमा उनीहरुको घरमै उनीहरुसँगै खेल्दै रमाउँदै बसेको छ।"

"आजकाल त लोकीले पेटभरि दिनको दुई पटक खान पाएको छ, सफा पानी पिउन पाएको छ र सफा ओछ्यानमा आनन्दले सुत्न पाएको छ, उसको जीवन साँच्चै परिवर्तन भएको छ। भाग्यमानी छ, मेरो साथी लोकी।"

Sathi looked at Moti and said, "I can't even imagine what that must be like…. to live inside a home and have a real bed."

"It must be great not to have to beg for food every day or live in fear that someone is going to hurt you while you're sleeping! Ever since I got burned, I've had nightmares about it happening again! I don't know what I'm going to do when I have to go back out onto the street. I feel safe here. I wish I never had to leave."

Moti spoke up again and said, "Don't worry Sathi, maybe you will get adopted soon too."

साथी मोतीतिर हेर्दै भन्छे, "मलाई त कल्पना गर्दै पनि अचम्मै लागिरहेको छ कि कस्तो होला है ! त्यो आनन्दको अनुभव, कसैको घरभित्र परिवारसँग बस्नु, आफ्नै खाटमा सुत्नु, सधैँभरि खाना पनि मागिरहनु नपर्ने अझ सुतिरहेको बेला कसैले पिट्ला भन्ने डर नि नहुने । जुन दिनदेखि त्यो महिलाले मेरो ढाड जलाइदिएकी छ, त्यस दिनदेखि म त सपनामा पनि कसैले तातो पानी छ्याप्छ कि भनेर झस्किँरहन्छु । मलाई यहाँबाट फर्काएर त्यहीँ गल्लीमा लगियो भने म के गर्छु होला ? मलाई त आफू यहीँ सुरक्षित छु जस्तो लाग्छ । हे भगवान् ! यहाँबाट कहिल्यै जान नपरे पनि हुन्थ्यो नि ।"

मोती फेरि केही थप्छ, "चिन्ता नगर साथी ! तिमीलाई चाँडै नै कसैले आफ्नो घरमा लगिहाल्ला नि !"

The next day was a beautiful sunny day in Kathmandu and all of the volunteers got to the Centre bright and early.

The dogs could tell that something was going on, but they weren't sure what it was. Then they learned that this was the day when people came to visit, to look for a dog they might want to adopt.

The dogs were all given baths, while other volunteers brushed them. Someone then placed new collars around their necks and they were ready to meet the visitors.

Sathi wasn't sure what to do, so she just sat very still, hoping that someone would come over to visit her.

भोलिपल्ट केन्द्रका सबै स्वयंसेवक / सेविकाहरु बिहानै केन्द्रमा आइपुग्छन् । काठमाडौँमा घाम पनि मज्जाले लागिसकेको हुन्छ । सबै कुकुरहरुलाई आज केन्द्रको वातावरणमा छुट्टै प्रकारको रमाइलोपनको महसुस भइरहेको थियो ।

एकछिन पछि उनीहरु सबैले थाहा पाउँछन् कि आज त "Adoption Day" अर्थात आजको दिन मानिसहरु यस केन्द्रमा सबै कुकुरहरु हेर्न आउँछन् र ती मध्ये कुनै मन परेमा आफ्नो घरमा नयाँ सदस्यको रुपमा आश्रय दिन लिएर जान्छन् ।

आजको दिन सबै कुकुरहरुलाई नुहाइधुवाइ गरी चिटिक्क पारेर घाँटीमा नयाँ पेटी बाधिँदिएर पाहुनाहरुलाई भेटाउन तयार गरिएको थियो ।

साथी भने अन्योलमा थिई, के गर्ने के नगर्ने भनेर । त्यसैले ऊ चुपचाप बसिरहेकी थिई । आफूलाई पनि कसैले घरमा आश्रय दिन लगोस् भन्ने आसमा साथी सबै पाहुनाहरुलाई टुलुटुलु हेरिरहेकी थिई । हरेक स्वयंसेवक / सेविकाहरु आ-आफूले हेरचाह गरेको, उनीहरुको सबै दु:ख र वेदनाको कथा थाहा भएको कुकुरहरुलाई आफूसँग लिएर बसिरहेका थिए ।

At 10 a.m., people started arriving at the Centre. Some couples had no children, but some families came with a little boy or girl.

Sathi watched each person carefully and wondered if they would be the family who would adopt her. She still didn't fully understand what it meant to be 'adopted', but from what the other dogs said, it sounded pretty good.

Out of the corner of her eye, Sathi saw a lady and a little boy coming toward her. The boy had on a blue shirt and he was holding a piece of paper. It was the list with the names of the dogs available for adoption.

They were coming to meet Sathi.

बिहानको दश बजिसकेको थियो । पाहुनाहरु आउने क्रम पनि सुरु हुन थाल्यो । कोही पाहुनाहरु जोडी दम्पत्तीहरु आएका थिए भने कोही सपरिवार स-साना नानीबाबुहरुलाई पनि साथमा लिएर आउनुभएको थियो ।

कसै न कसैले आफूलाई लैजाने आसमा साथी सबै पाहुनाहरुलाई नियालिरहेकी थिई । उसका साथीहरुले भने जस्तै कुनै अपरिचित परिवारले कसैलाई आश्रय दिएर घरको सदस्य झैँ राख्ने कुरालाई साथीले अझै बुझ्न सकिरहेकी थिइन ।

साथी यी र यस्तै कुरा सोचिरहँदा परबाट एउटा महिला र एउटा सानो बाबु आफूतिर नै आउँदै गरेको देख्छे । नीलो सर्ट लगाएको त्यो सानो बाबुको हातमा घर लैजान मिल्ने कुकुरहरुको नाम लेखिएको कागज हुन्छ ।

उनीहरु दुबैजना साथीलाई नै भेट्न आइरहेका हुन्छन् ।

Sathi got very excited. She liked the look of these people and hoped that they would like her too. The volunteer holding Sathi, whose name was Sarita, motioned to the mother and child to come over and say hello.

The woman took the boy's hand and led him to Sathi. She told him to bend down and let Sathi sniff him first. The mother showed the boy how to scratch Sathi under her chin instead of patting her head.

"He's a little afraid of dogs," the mother told Sarita. "His older cousin was bitten by a dog."

साथी एकदमै उत्साहित भइरहेकी थिई । साथीलाई ती आमा र सानो बाबुहरु हेर्दै खेरि मन परेको थियो र ऊ मनमनै आफूलाई पनि उनीहरुले मन पराइदियोस् भनेर सोचिरहेकी थिई । साथीलाई बोकिरहेकी स्वयंसेविका सरिताले ती आमा र सानो बाबुलाई साथीसँग परिचय गर्नुस् भनिन् ।

आमाले छोराको हात समातेर उसलाई साथीको नजिक लगिन् र आफ्नो हात अलि तल पारी साथीलाई सुँघ्न दिनु भनिन् । बाबुलाई साथीसँग घुलमिल हुन टाउकोमा नहानी बरु चिउँडोमा चलाएर घुलमिल र नजिक हुने कुरा सिकाइरहेकी थिइन् ।

आमाले भनिन्, "मेरो भान्जालाई कुकुरले टोकेको देखेदेखि बाबु कुकुरदेखि अलि डराउँछ ।"

Sarita looked at the boy. "What is your name?" she asked.

"My name is Prasad," said the boy. "I'm eight years old." Sarita, took Prasad's hand and showed him how to stroke Sathi's fur very gently. Sarita noticed how Sathi was sitting very still with her eyes closed, letting Prasad stroke her.

The boy looked up at his mother with a wide smile on his face. "Aama, I like this dog! She seems very gentle! I am not afraid of her. Can we take her home with us?"

Prasad's Mother turned to Sarita and asked, "What do we need to do to adopt this dog?"

साथीको स्वयंसेविका सरिताले सानो बाबुलाई सोधिन्, "बाबु तिम्रो नाम के हो ?"

बाबुले भन्यो, "मेरो नाम प्रसाद हो अनि म आठ वर्षको भएँ।" सरिताले प्रसादको हात समाएर साथीलाई कसरी मायाले सुमसुम्याउने भनेर देखाइदिइन्। प्रसादले पनि माया गरेर सुमसुम्याउदै गर्दा साथीले आँखा बन्द गरी चुपचाप आनन्दले बसिरहेको कुरा सरिताले याद गरिन।

प्रसादले खुसी हुँदै भन्यो, "आमा ! मलाई साथी मन पर्‍यो। ऊ ज्ञानी छे अनि मलाई डर पनि लागेन। के उसलाई हामीसँगै घर लैजान सक्छौँ आमा ?"

आमाले सरितालाई सोधिन्, "साथीलाई हाम्रो घरमा आश्रय दिन हामीले के गर्नुपर्छ ?"

Sathi's ears perked up when she heard the word "adopt." She wasn't sure but she thought they were going to take her home with them. Suddenly she realized she might not be able to say goodbye to her friends.

She looked around for Karma, Kamala, Tashi, Momo and Moti, but she didn't see them. Sarita and Prasad's Aama spoke for a few more minutes and then she handed the nylon leash to Prasad's mother and they all began walking down the path to leave the Centre.

Sathi turned and saw Sarita waving goodbye, and off in the distance she saw her friends wagging their tails in happiness.

'आश्रय' भन्ने शब्दले साथीको कान ठाडो हुन्छ। साथीलाई उनीहरुले आफूलाई घर लैजान्छ जस्तो त लागिरहेको थियो। त्यसपछि एक्कासी साथीलाई उनीहरुले घर लगेमा आफ्ना साथीहरुसँग अन्तिम बिदा माग्न पनि पाउँदिन कि जस्तै लाग्यो।

ऊ कर्म, तासी, मोमो, कमला अनि मोतीलाई वरपर हेर्न थाल्छे तर देख्दिन। प्रसादकी आमा र सरिता कुरा गरिरहेका हुन्छन् र सरिताले एकैछिनमा साथीको घाँटीको पट्टी मिलेको छ कि छैन भनेर हेर्छिन र उसको पट्टीसँग बाधिँएको डोरी प्रसादकी आमालाई दिन्छिन्। उनीहरु साथीलाई केन्द्रको गेटबाट बाहिर निस्कनै लाग्दा साथीले केन्द्रतिर फर्केर हेर्छे, जहाँ सरिता साथीलाई बिदाइका हात हल्लाउँदै राम्रोसँग जान इसारा गर्छिन्।

अनि अलि परतिर उसका सबै साथीहरु साथी नयाँ घर जान लागेको खुसीमा उनीहरुले पनि पुच्छर हल्लाउँदै राम्रोसँग जान इसारा गर्छन्।

Sathi had no idea what was happening to her but she felt proud to be walking down the street with Prasad and his Aama carefully holding onto her. She also felt safe because she could tell that they were nice people and they wouldn't do anything to hurt her.

After about 15 minutes, they stopped and opened the gate to the courtyard of the apartment building. It was in a neighborhood that she had never been to before. After everything that she'd been through in the past few months she was hopeful that her life was going to change for the better.

कुनै बेला एक्लै सडकमा भौतारिएर हिंड्ने साथीलाई उनीहरुसँग केन्द्रबाट बाहिर निस्केर बाटोमा हिंड्दै गर्दा अनौठो अनुभव भइरहेको थियो तर आमाले आफूलाई समाएर लैजाँदै गर्दा भने आफन्तको साथ पाएर गर्व पनि लागिरहेको थियो। आफूलाई आश्रय दिएको हुनाले साथी आफू उनीहरुसँग सुरक्षित रहने र उनीहरुजस्ता असल मानिसले कसैको पनि हानी गर्न नसक्ने कुरामा विश्वस्त थिई।

पन्ध्र मिनेट जति हिंडिसकेपछि एउटा भवनको गेट अगाडि उनीहरु रोकिन्छन् र आफू बस्ने अपार्टमेन्ट जाने आँगनको ढोका खोल्छन्। त्यो ठाउँ केन्द्रबाट नजिकै भए पनि साथी कहिल्यै त्यस ठाउँमा गएकी थिइन। केही महिनादेखि आफूसँग घटेका नराम्रा घटनाले साह्रै दु:खी साथी अब चाहिँ अगाडिको जीवन सहज हुने कुरामा आशावादी भएकी थिई।

Inside the courtyard, they climbed the stairs to the second floor. As they entered the apartment, Sathi's eyes lit up. She couldn't believe how lucky she was! This was going to be her new home. It was warm and clean and inviting. There was even a water bowl already on the floor, next to a dog bed that she guessed was for her.

Sathi looked at Prasad and then at his Aama and felt a tear well up in her eye. Maybe she was finally home.

भवनको दोस्रो तल्लामा बस्ने उनीहरु भऱ्याङ चढेर माथि आफ्नो अपार्टमेन्ट पुगे । साथी माथि अपार्टमेन्ट भित्र छिर्ने बित्तिकै त्यहाँको सफा, न्यानो र आकर्षक वातावरण देखेर उसका आँखाहरु बन्द नै भएनन् । चारैतिर हेर्दै, "आहा ! यो मेरो नयाँ घर" भनेर सोच्दै मनमनै आफूले आफूलाई भाग्यमानी ठानी । कोठामा उसको लागि खाट पनि थियो, सँगै पिउनका लागि भुँइमा पानीको भाँडा पनि देखी । त्यो देखेर यी सबै मेरै लागि हुन् भनेर अनुमान लगाई ।

यो सबै देखेर आमा र सानो बाबुतिर पुलुपुलु हेर्दै साथी हृदयदेखि नै आभारी हुन्छे । उसका रसाएका आँखाहरुले उनीहरुप्रति कृतज्ञताको भाव पोखिरहेका हुन्छन् । केही महिना यता सारै दुःख पाएकी साथीलाई अन्त्यमा बल्ल आफ्नै घर भेटेको महसुस भयो ।

32

One year later.........

Sathi woke up in her comfortable bed after another good night's sleep. She now knew what it meant to be adopted by a loving family.

She had enough to eat every day and she had a comfortable bed inside the family's home. They took her to the dog doctor (called a "veterinarian," she learned) whenever she was sick or injured, and they took her once a year to get her vaccinations to prevent illnesses like rabies.

They also took her for regular walks on a leash, and Prasad played with her every day. Life was very good for Sathi!

एक वर्षपछि............

साथी आजकाल आरामका साथ आफ्नै खाटमा सुत्छे र आफ्नो समयमा उठ्छे । आज पनि साथी आनन्दले तनावमुक्त भएर सुतेर उठेकी छे । साथीलाई बल्ल एउटा परिवारले अपनाउनुको अर्थ थाहा भयो ।

आजकाल उसले परिवारसँगै पर्याप्त मात्रामा खाना खान पाएकी छे र आफ्नो घर भित्रै सुत्न पाएकी छे । ऊ बिरामी पर्दा, उसलाई चोटपटक लाग्दा उसको परिवारले साथीलाई पशुचिकित्सक कहाँ जँचाउन लैजाने गरेका छन् । वर्षमा एक पल्ट रेबिज जस्तो रोगसँग लड्न खोप पनि लगाइदिने गरेका छन् ।

परिवारले उसलाई दिनदिनै बाहिर डुलाउन लान्छन् भने प्रसाद दिनहुँ साथीसँग खेल्छ । समग्रमा साथीको जीवन अहिले उसले सोचे जस्तै अत्यन्त सुखी, आनन्ददायी र माया नै मायाले भरिएको छ ।

Sathi knew that something special was going to happen today! She'd heard Prasad and his mother talking about a festival, and that they needed to give Sathi a bath. Although she didn't really like getting a bath, it felt good when they massaged her all over and rubbed her with a towel, and it was nice to be clean.

Soon, she realized they were going to take her back to the rescue Centre that had taken care of her after she got burned, to celebrate Kukur Tihar. Maybe she would see all her old friends!

एक दिन साथीले प्रसाद र आमा कुनै पर्वको लागि उसलाई नुहाइदिनु पर्ने कुरा गर्दै गरेको सुन्छे । यी कुरा सुनेर साथीले आजको दिन विशेष हो भनेर थाहा पाउँछे । साथीलाई नुहाउन खासै मन पर्दैनथ्यो तर नुहाउँदा आफूलाई मालिस हुने र सफा समेत हुने हुनाले आनन्द पनि लाग्थ्यो । नुहाइसकेपछि रुमालले शरीर पुछेको र ढाड मुसारेको उसलाई खुब मन पर्थ्यो ।

साथीलाई बल्ल याद आउँछ, आज त कुकुर तिहार पो रहेछ । उनीहरु कुकुर तिहार मनाउन साथीलाई लिएर काठमाडौँ पशु उद्धार केन्द्रमा जाँदै थिए, जहाँ उसको घाउको उपचार अनि उसको उद्धार भएको थियो । साथीलाई त्यहाँ पुग्दा पुराना साथीहरु भेटिन्छन् होला कि भनेर आस थियो ।

As she watched Prasad and his Aama carry the garlands of orange marigolds and vermilion powder over to her, she felt so happy and joyful inside!

Sathi closed her eyes and promised never to forget what life had been like for her and her friends, and what it was still like for the dogs still living on the streets.

She vowed in her heart to spread the word to all the dogs of Kathmandu, about what it could be like, to be adopted into a loving family.

THE END

यी सब कुराहरु सोचिरहँदा साथीले आमा र प्रसाद दुबैले सयपत्रीको माला र रातो अबीर लिएर आफूतिर आइरहेको देख्छे। त्यो देखेपछि कुकुर तिहारलाई आफूले सोचेजस्तै गरी सही तरिकाले मनाउन पाउँदा साथी मन भित्रैदेखि खुसी र रमाइलो मान्छे।

साथी आँखा बन्द गरेर आफ्नो र आफ्नो साथीहरुको जीवन भोगाइ र अझै पनि त्यस्तै दु:ख भोगिरहेका हजारौं 'भुस्याहा' भनिने सडकका र केन्द्रका सबै कुकुरको पीडा सँधै याद राख्ने प्रण गर्छे।

त्यसै क्षण साथीलाई लाग्छ कि आफ्नो सम्पूर्ण जीवनको कथा काठमाडौं सडकका अरु कुकुरहरुलाई पनि सुनाउनु पर्छ। मानिस सबै नराम्रा हुँदैनन्, कुकुरलाई माया गर्ने मानिसहरु पनि हुन्छन्, घरबाट लत्याएर बाटोमा लावारीस बनाएर छाडी भुस्याहा बन्न बाध्य पार्ने मानिस पनि छन् भने त्यहीँ बाटोबाट उठाएर घरका सदस्य झैं माया गरेर आश्रय दिने मानिसहरु पनि हुन्छन्, कुकुरलाई बिना गल्ती पिटेर घाइते बनाउने पनि छन् भने ती घाइते कुकुरको घाउमा मलमपट्टी गरेर उद्धार गर्ने काठमाडौं पशु केन्द्र जस्तो संस्था पनि छन् भन्ने कुरा सबै कुकुरहरुले थाहा पाउनुपर्छ जस्तो साथीलाई लाग्छ। आफ्नो कथाले सडकीय जीवन बिताउन बाध्य कुकुरहरुमा आत्मबल बढोस् र एक न एक दिन राम्रो जीवन पाउने आशा जागोस् भन्ने कुराहरु साथी सोच्छे।

समाप्त

Epilogue

This book is based on the true story of a street dog from Kathmandu, Nepal who was found in late July, 2020, by a woman in the community who had been feeding him regularly for several months. He had large burns on his back from boiling water that had been thrown onto him by a woman who didn't want him hanging around her house. The dog was taken to the Kathmandu Animal Treatment (KAT) Centre, and his burns were treated.

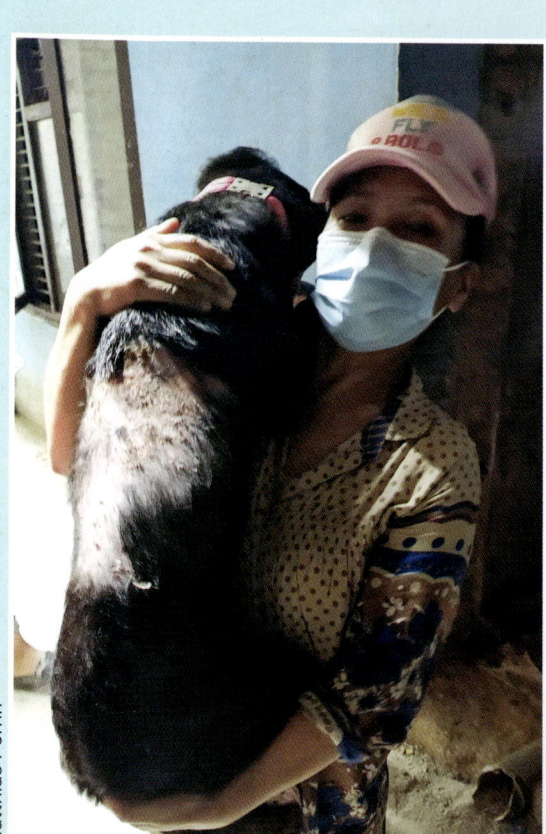
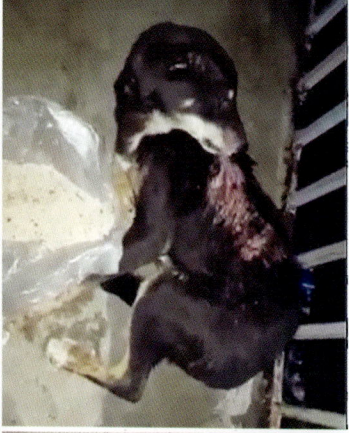
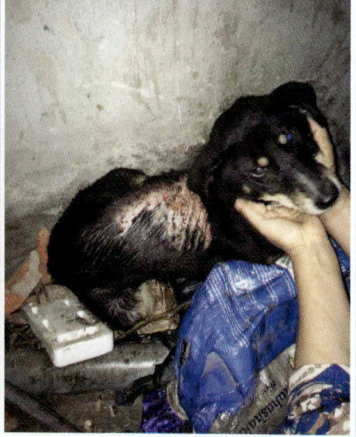

Photos: Matthias Perrin

उपसंहार

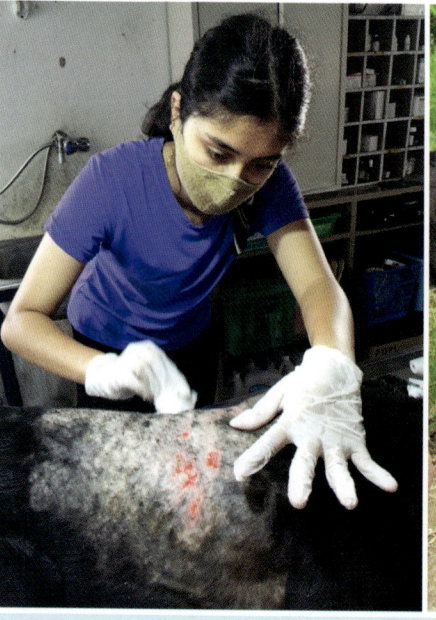
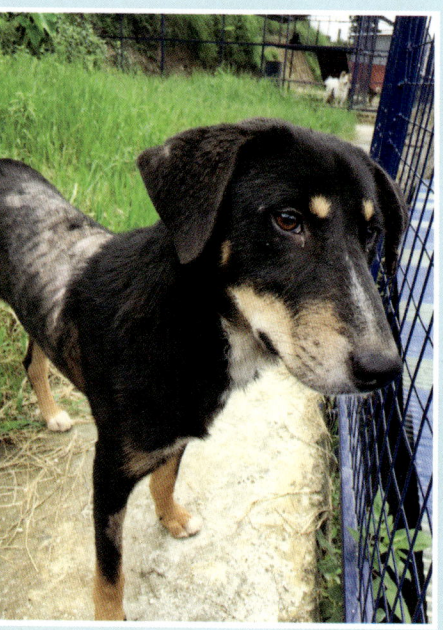

Photos: Ben Charman (KAT UK)

यो पुस्तक काठमाडौँको सडक तथा गल्लीहरुमा जीवन बिताउने एक सडकको कुकुरको सत्य घटनामा आधारित कथा हो । जुलाई २०२० मा सोनाम याङ्गजोमले सधैँ झैँ सडकका कुकुरहरुलाई खाना खुवाउने क्रममा एक दिन तिनीहरुमध्ये एउटा कुकुर घाइते भेट्नुहुन्छ, जसलाई आफ्नो घर वरपर घुमिरह्यो भन्ने रिसले एक महिलाले उम्लिरहेको पानीले त्यस कुकुरको ढाडमा छ्यापेर घाइते बनाइदिएकी थिइन् । त्यस पछि त्यो कुकुरलाई उपचारको लागि काठमाडौँ पशु उद्धार केन्द्र (KAT Centre) लगिएको थियो ।

Photos: Rambo Abbie (Janak Kapali)

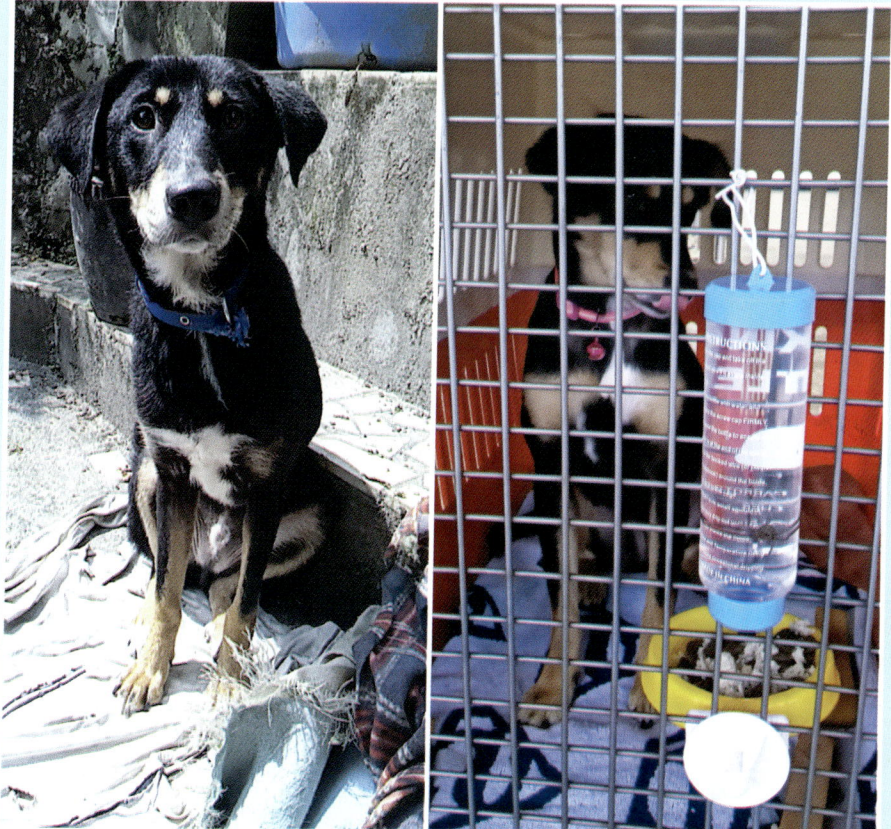

Two weeks later, after he had recovered from his burns, he was taken into the care of Rambo Abbie, a local dog trainer, who taught him house manners and trained him to walk on a leash and to be a family pet. Temple Dog Rescue, in Canada, helped to raise money to send him to a woman living in Toronto, Canada, who wanted to adopt him and they also coordinated all of the paper work needed for him

कुकुरको घाउ निको हुनलाई दुई हप्ता लाग्यो। त्यसपछि र्‍याम्बो एब्बी (Rambo Abbie) नाम गरेका एक स्थानीय कुकुरका प्रशिक्षकले उसलाई घर लगेर प्रशिक्षण दिए। केही समयपछि एक क्यानडीयन महिलाले त्यस कुकुरलाई आश्रय दिने इच्छा व्यक्त गरिन्। क्यानडियन संस्था टेम्पल डग रेस्किउ (Temple Dog Rescue) को आर्थिक सहयोगले कुकुरलाई क्यानडा पठाउने तयारी गरियो। साथै संस्थाले कुकुरलाई अर्को देश लैजाने सम्पूर्ण सरकारी प्रावधानको कागजातहरु तयार गर्न पनि सहयोग गर्‍यो।

Photos: Rambo Abbie (Janak Kapali)

On September 25, 2020 the dog, now named Max, was flown to Toronto, Canada, where he was met by his new Mom. She had already purchased a big fluffy dog bed and lots of toys for Max and she welcomed him into her home. As in the story about Sathi, it is my hope that everyone reading this book consider adopting a dog from the streets instead of buying an expensive puppy from a kennel club or pet shop. There are plenty of dogs on the streets just waiting to find a good home, whether in Nepal or in some other country.

Photos: Stirling Wineck

२५ सेप्टेम्बर २०२० को दिन म्याक्स (कुकुरको नयाँ नाम) टोरन्टो क्यानडामा आफ्नो नयाँ आमालाई भेट्छे। नयाँ आमाले म्याक्सको स्वागतको लागि भनेर ठूलो र नरम ओछ्यान अनि धेरै खेलौनाहरु किनिसक्नुभएको हुन्छ। नेपालमा मात्र होइन संसारभर नै सडकका कुकुरहरुको बस्ने ठेगान नभएर साह्रै बिजोग छ। मलाई आशा छ कि यो कथा पढ्नु हुने सबै जनाले कथामा भएको पात्र, सडकमा बस्ने कुकुर साथीले आश्रय पाए झैँ हजुरहरुले पनि केनल क्लब अथवा पसलबाट कुकुरहरु नकिनेर सडकका कुकुरहरु नै अपनाउनु हुनेछ।

Photos: Stirling Wineck

What to Do if You Find an Injured Street Dog

(Courtesy of Project Humane Nepal)

- Do not risk your own safety to help a dog. An injured dog may bite or scratch you if it feels threatened.
- Call the nearest dog rescue group (see p. 40) to report the dog's location and stay with the dog if possible until someone arrives who knows how to properly handle the dog. If you are unable to reach anyone by phone, you can report the dog on the group's social media pages.
- Post photos and location of injured dog on other local social media pages such as Dog Adoption Nepal or Lost and Found Dogs (Nepal). Give your contact number.
- Offer water and food if you have something but very often the dog will not take anything.

सडकमा घाइते कुकुर देख्नुभयो भने तपाईं के गर्नुहुन्छ ?

(प्रोजेक्ट ह्युमेन नेपालका सुझावहरु)

- सबैभन्दा पहिले आफ्नो सुरक्षाबारे सोच्नुहोस् ।
  कुकुर घाइते वा बिरामी भएको बेलामा उनीहरु अत्यन्त डराएका हुन्छन् र डरका कारण आक्रामक व्यवहारहरु गर्न सक्छन् । तसर्थ घाइते तथा बिरामी कुकुरहरुको नजिक जाँदा उनीहरुको टोकाइ र हमलाबाट बच्न सावधान रहनुहोला ।
- तपाईंले घाइते तथा बिरामी कुकुरहरु सडकमा भेट्नु भएमा माथि उल्लिखित नजिकैको सडक पशु उद्धार संस्थालाई खबर गरिदिनु होला । सूचना दिंदा कुकुर भेटिएको स्थान र कुकुरको अवस्था सहित जानकारी गराउनुहोला । सम्भव भएसम्म उद्धारकर्मीलाई पर्खनु होला । फोनको माध्यमबाट सम्भव नभएमा सामाजिक सञ्जाल पेजबाट पनि सम्पर्क गर्न सक्नुहुनेछ ।

तपाईंले कुकुर घाइते वा बिरामी कुकुरको फोटो वा भिडियो खिचेर यी दुईवटा फेसबुक पेज - Dog Adoption Nepal र Lost and Found Dogs (Nepal) हरुमा राख्न सक्नुहुन्छ । साथै तपाईंको फोन नम्बर दिन नबिर्सिनु होला । कसैले कुकुरको उद्धार नगरुन्जेलसम्म उनीहरुलाई खाना र पानी तथा आवश्यकता अनुसार प्राथमिक उपचारको व्यवस्था पनि मिलाइदिनु होला ।

Leading Charities/NGOs that Help Street Dogs in Kathmandu and Pokhara Nepal

1. Animal Nepal: (Tel: 5538068)
   https://www.animalnepal.org.np/

2. Community Dog Welfare Kopan: (Tel: 9803976378)
   https://communitydogwelfarekopan.org/

3. Himalayan Animal Rescue Trust (HART) (Pokhara): (Tel: 9846531069) https://www.hartnepal.org/

4. Kathmandu Animal Treatment Centre-Nepal (KAT-NP): (Tel: 9843810363) https://katcentre.org.np/

5. Kathmandu Animal Treatment Centre (KAT-UK): (Tel: 9843810363) https://katcentre.org/en/

6. Project Humane Nepal: (Tel: 9861284254)
   http://www.projecthumanenepal.org/

7. Sneha's Care: (Tel: 9808645023)
   https://www.snehacare.org/

8. SPCA Nepal: (Tel: 9849476424)
   https://www.facebook.com/nepalspca/

9. Street Dog Care: (Tel: 9841075383)
   http://www.streetdogcare.org/

काठमाडौँ र पोखराका सडकका कुकुरहरुलाई सहयोग गर्ने अग्रसर परोपकारी र गैर सरकारी संस्थाहरु :-

१. एनिमल नेपाल: (फोन नं. ५५३८०६८)
   https://www.animalnepal.org.np/

२. कम्युनिटि डग वेलफेर कपन: (फोन नं. ९८०३९७६३७८)
   https://communitydogwelfarekopan.org/

३. हिमालयन एनिमल रेस्किउ ट्रस्ट, पोखरा: (फोन नं. ९८४६५३१०६९)
   https://www.hartnepal.org/

४. काठमाडौँ पशु उद्धार केन्द्र, नेपाल: (फोन नं. ९८४३८१०३६३)
   https://katcentre.org.np/

५. काठमाडौँ पशु उद्धार केन्द्र, बेलायत: (फोन नं. ९८४३८१०३६३)
   https://katcentre.org/en/

६. प्रोजेक्ट ह्युमेन नेपाल: (फोन नं. ९८६१२८४२५४)
   http://www.projecthumanenepal.org/

७. स्नेहाज केर: (फोन नं. ९८०८६४५०२३)
   https://www.snehacare.org/

८. पशुपंक्षी निर्दयता रोकावट समाज नेपाल: (फोन नं. ९८४९४७६४२४)
   https://www.facebook.com/nepalspca/

९. स्ट्रीट डग केयर: (फोन नं. ९८४१०७५३८३)
   http://www.streetdogcare.org/

Veterinary Hospitals and Clinics

1. Advanced Pet Hospital and Research Centre Pvt. Ltd.; Bishalnagar, Hadigaon; Tel: 9841209744
2. Animal Medical Centre; behind Chuchepati petrol pump; Tel: 9843544022;
3. Central Referral Veterinary Hospital*; Tripureshwor; Tel: 4268193
4. Divine Veterinary Clinic; Gaushala; Tel: 4495282
5. Kathmandu Veterinary Clinic; Ring Road, Maharajgunj, Chakrapath; Tel: 4720266
6. Swoyambhu Veterinary Clinic; Kimdol; Tel: 9851097087
7. Valley Animal Clinic; Chautarphi Marg, Koteshwor, Kathmandu; Tel: 9868714307

पशु अस्पताल र क्लिनिकहरु

१. एडभान्स्द पेट हस्पिटल एण्ड रिसर्च सेन्टर प्राइभेट लिमिटेड, विशालनगर, हाँडिगाउँ; फोन नं. ९८४१२०९७४४

२. एनिमल मेडिकल सेन्टर, चुच्चेपाटी, पेट्रोल पम्प; फोन नं. ९८४३५४४०२२

३. केन्द्रिय भेटेरिनेरी अस्पताल, त्रिपुरेश्वर; फोन नं. ४२६८१९३

४. डिभाइन भेटेरिनेरी क्लिनिक, गौशाला; फोन नं. ४४९५२८२

५. काठमाडौँ भेटेरिनेरी क्लिनिक, नारायण गोपाल चोक, रीङ रोड; फोन नं. ४७२०२६६

६. स्वयम्भू भेटेरिनेरी क्लिनिक, किम्डोल; फोन नं. ९८५१०९७०८७

७. भ्याली एनिमल क्लिनिक, चौतर्फी मार्ग, कोटेश्वर, काठमाडौँ; फोन नं. ९८६८७१४३०७

*Government Hospital (minimal cost)

*सरकारी अस्पताल (न्यूनतम शुल्क)

Dog Trainers in Kathmandu, Nepal

Rambo Abbie – Rambo Abbie Pet Service N Dog Training Center

E-mail: ramboabbie@gmail.com;
Tel: 9851091334

Rasik Regmi – Canine Companions

E-mail: regmirasik@gmail.com;
Tel:9841423281

Abhilasha Sharma – Abhilasha Dog Trainer & Behaviorist

E-mail: abhilasha.sharma177@gmail.com;
Tel: 9813368269

Prabin Bajracharya – K9 Dog Training & Care

E-mail: probinjazz@gmail.com;
Tel: 9808228781

Mahendra Raj Khatiwada – Kathmandu Dog Training Center

E-mail: dogtrainermahendra@gmail.com;
Tel: 9841589183

काठमाडौँका कुकुर प्रशिक्षकहरु

र्‍याम्बो एब्बी- र्‍याम्बो एब्बी पेट सर्भिस एन ट्रेनिंग सेन्टर

इमेल : ramboabbie@gmail.com;
फोन नं. ९८५१०९१३३४

रसिक रेग्मी – केनाइन कम्प्यानियन्स

इमेल : regmirasik@gmail.com;
फोन नं. ९८४१४२३२८१

अभिलाशा शर्मा – अभिलाशा डग ट्रेनर एण्ड बिहेबियरिष्ट

इमेल : abhilasha.sharma177@gmail.com;
फोन नं. ९८१३३६८२६९

प्रबिन बज्राचार्य – के नाइन डग ट्रेनिंग एण्ड केयर

इमेल : probinjazz@gmail.com;
फोन नं. ९८०८२२८७८१

महेन्द्र राज खतिवडा – काठमाडौँ डग ट्रेनिंग सेन्टर

इमेल : dogtrainermahendra@gmail.com;
फोन नं. ९८४१५८९१८३

How to Avoid Getting Bitten by a Dog

(Courtesy of Project Humane Nepal)

Dogs may bite when they are afraid, defending their territory/protecting their home, protecting something they value like a toy or their food bowl, when they are sick or injured or when they get overly excited when playing. Do not play rough with your dog.

If you want to meet a dog, kneel to their level and let them approach you first. Don't stare at them but look down and let them come over to you. Pet them under the chin and not on top of their head. Say hello in a quiet calm voice. Do not hug the dog as they typically do not like that.

HOW TO STAY SAFE FROM DOG BITES

Don't ⃠ disturb a dog when

कुकुरको टोकाइबाट कसरी सुरक्षित हुने ?

(प्रोजेक्ट ह्युमेन नेपालका सुझावहरु)

- कुकुरले त्यतिबेला टोक्न सक्छन्, जब उनीहरु
  - डराएको महसुस गर्छन्,
  - आफूलाई वा आफ्नो इलाका सुरक्षा गरिरहेका हुन्छन् ,
  - आफ्ना बच्चाहरु, खेलौना वा खानाको रक्षा गरिरहेका हुन्छन्,
  - बिरामी वा घाइते भएका हुन्छन् ।

यदि तपाईं कुकुरसँग नजिक हुन चाहनु हुन्छ भने, कुकुरको अगाडि बिस्तारै दाहिने वा देब्रे फर्केर घुँडा टेकेर बस्नुहोस् । कुकुरलाई ठूलो स्वरमा नहकार्नु होस्, बरु नम्र भएर बोलाउनुहोस् । त्यसपछि कुकुरलाई आफै तपाईंतिर नजिक आउन दिनुहोस् । कुकुरको अगाडि गएर उनीहरुको आँखामा सिधा हेर्ने वा उनीहरुको टाउकामा छुने नगर्नुहोस्, बरु उनीहरुको चिउँडो सुमसुम्याएर नरमसँग बोल्नुहोस् । प्रायजसो कुकुरहरुलाई सिधै अँगालो हालेको मन नपर्ने हुनाले उनीहरुलाई मायाले बिस्तारै समाउनुहोस् ।

कुकुरको टोकाईबाट कसरी सुरक्षित हुने ?

कुन बेला कुकुरहरूलाई जिस्क्याउनु हुदैन ?

What to Do if You Get Bitten by a Dog

(Courtesy of Project Humane Nepal)

- Not all street dogs have rabies. Stray dogs are more likely to get rabies because many are not vaccinated. Even pet dogs who are not vaccinated and are allowed to roam freely in the street are at high risk of getting rabies. Please vaccinate your pets against rabies every year and do not let them roam freely.
- Wash the bite or scratch immediately with soap and running water for a minimum of 15 minutes to remove and kill the rabies virus.
- Tell someone right away that you have been bitten or scratched by a dog.
- Seek medical advice right away if you are bitten or scratched by an unknown or unvaccinated dog or other animal that is suspected of having rabies.
- Go to either the Sukraraj Hospital in Teku (Tel: 4253396) or CIWEC Hospital (Tel: 4424111) for rabies/tetanus vaccination. Call ahead to find out if they are open or call the closest hospital or clinic to tell them you need to be seen by a doctor for suspected rabies.

  They will determine if you need to get post exposure rabies vaccinations to assure that you do not get rabies.

कुकुरले टोक्यो भने के गर्न सकिन्छ ?

(प्रोजेक्ट ह्युमेन नेपालका सुझावहरु)

- सबै सडकका कुकुरहरुलाई रेबिज लागेको हुँदैन। धेरै जसो सडकका कुकुरहरुलाई खोप नलगाइएको हुनाले र टोकेपछि खोप लगाउने सम्भावना पनि नभएको कारण उनीहरु जोखिममा हुन्छन्। स्वतन्त्र रुपमा सडकमा हिँड्ने खोप नलगाएका घरपालुवा कुकुरहरुलाई पनि रेबिजको जोखिम हुनसक्छ। तसर्थ कृपया आफ्नो कुकुरहरुलाई रेबिज बिरुद्धको खोप हरेक वर्ष लगाउनुहोस् र उनीहरुलाई स्वतन्त्र रुपमा हिँड्न नदिनुहोस्।
- रेबिजको भाइरस राम्रोसँग हटाउनको लागि घाउ लागेको तुरुन्तै कम्तीमा पनि पन्ध्र मिनेटसम्म साबुन र बगिरहेको धाराको पानीले घाउ मिचेर धुनुहोस्।
- आफ्ना आफन्त, अभिभावकहरुलाई कुकुरले टोकेको वा चिथोरेको जानकारी दिनुहोस्।
- तर रेबिजको लक्षणहरु देखाइरहेको र खोप पनि नलगाएको अन्जान कुकुरले टोक्यो भने तत्कालै चिकित्सक कहाँ जाँच गराइहाल्नुहोस्।
- टोकाइको उपचार गराउन अस्पताल (शुक्रराज अस्पताल, सम्पर्क नं. ४२५३३९६ वा CIWEC अस्पताल, सम्पर्क नं. ४४२४१११) जानुहोस्। आफ्नो सहजताको लागि अस्पतालमा फोन गरेर आफूलाई रेबिज हुन सक्ने शङ्काको बारेमा बुझ्नुहोस। अस्पताल जानु अघि फोन गरेर जानुहोला। स्वास्थ्यकर्मीले तपाईंलाई रेबिजको खोपको आवश्यकता रहेको वा नरहेको बारेमा जानकारी गराउँछन्।